Cazaret

L'ANGE DU FOYER

HISTOIRE
CURIEUSE
D'UN BALLON

CREVÉ PAR UNE PIQURE DE GUÊPE

Sur les Domaines d'un Grain de Sel

QUELQUES PAROLES

A L'ADRESSE DES JOURNAUX

L'INDISCRET ET GRAIN DE SEL

PAR

EUGÈNE CAZARET

BORDEAUX
EN VENTE CHEZ TOUS LES LIBRAIRES

1867

L'ANGE DU FOYER

HISTOIRE
CURIEUSE
D'UN BALLON
CREVÉ PAR UNE PIQURE DE GUÊPE

Sur les Domaines d'un Grain de Sel

QUELQUES PAROLES

A L'ADRESSE DES JOURNAUX

L'INDISCRET ET GRAIN DE SEL

PAR

EUGÈNE CAZARET

BORDEAUX
EN VENTE CHEZ TOUS LES LIBRAIRES

1867

Dole (Jura). — Typ. Prudont. — Guyenot et Bluzet, successeurs.

L'ANGE DU FOYER

L'ANGE

Pourquoi cette tristesse et ce regard profond
Cette main sur le cœur et ces rides au front ?
Pourquoi...

— Cher Ange, je vous prie de vous exprimer en prose, lorsque vous voudrez bien désormais vous adresser à moi ; je ne veux plus faire des vers ; j'en ai fait quelques-uns dans ma vie et j'espérais en faire beaucoup d'autres encore, mais me voilà guéri de cette sotte, de cette horrible maladie. Aujourd'hui je me réhabilite avec le bon sens et je suis disposé à suivre le conseil de certain perruquier qui vous paraîtra, comme à moi, je n'en doute pas, expert en littérature. Ainsi, non seulement je me décide à ne plus rimer, mais encore à ne plus permettre qu'on fasse ou qu'on dise un seul vers dans cette maison.

Tenez-le pour dit et bien arrêté.

L'ANGE

Vous voulez rire, cher maître ! vous, ne plus faire des vers !
c'est la Garonne cessant de couler..., c'est l'Océan tari !
Je-ne-vous-crois-pas-et-je-ne-vous-croirai-jamais !

— Vous êtes libre, complétement libre à cet égard, vous croirez ce que vous voudrez ou ce que vous pourrez, cela m'importe peu, mais soyez sûr que je saurai faire respecter ma volonté... et l'imposer au besoin.

Donc plus de vers, « *Fichtre, Sacrebleu* », de la prose et toujours de la prose, quelque soit le sujet que l'on veuille traiter et à quelque point de vue qu'on l'examine, c'est la prose et toujours la prose qui convient dans tous les cas. Telle est la doctrine du savant perruquier auquel je fais allusion, doctrine saine et raisonnable, dont je deviens le plus zélé et le plus fidèle défenseur, bien que La Harpe ne se montre pas tout à fait du même avis. Mais qu'était-ce après tout que ce La Harpe qui entre ici en contradiction avec mon dit perruquier?

Un imbécile probablement!

Après l'avoir ainsi traité, je sentirais ma conscience mal à l'aise si je ne lui donnais la parole, vous me reconnaissez à ce trait, n'est-ce pas?

L'ANGE

Oh! Oui.

— Vous acquerrez bientôt l'expérience que mon perruquier n'y met pas tant de façons, lui; qu'il savonne, qu'il rase, qu'il tranche, qu'il coupe... le tout accompagné de jurons... et que ses oreilles, que je crois très-longues cependant, ne lui servent de rien pour entendre les plaintes de ses victimes.

> L'orgueilleux ! lorsqu'il fait son zique, zique, zac.
> Voudrait nous rappeler qu'il a rasé Balzac !

Moi, je le crois sans peine, BALZAC, VICTOR HUGO, LAMARTINE ont été rasés bien des fois, et jamais, sans doute, d'une main plus légère, mais...

L'ANGE

De grâce, faites parler La Harpe, si vous voulez que je comprenne quelque chose.

— Monsieur La Harpe, votre avis, s'il vous plaît!

Mais, non, restez encore quelques instants sous le boisseau, Monsieur La Harpe, d'autres y sont bien restés et qu'on n'a certes pas épargnés... et dont la voix n'a pu s'élever pour repousser l'injustice.

Mon ami, je suis tellement disposé à ne plus faire des vers que voilà mon testament...

L'ANGE

Ton testament!...

— Mon testament poétique, bien entendu...

L'ANGE

Oh !

(Lisant)

DETTE DE CŒUR

A Monsieur Célichet, *pour m'avoir appris à faire des souliers, dits à la mécanique*

  Initié par vos soins à l'art de la chaussure,
  Grâce à vous aujourd'hui, je sais faire un soulier;
  Sous mes doigts exercés une riche piqûre
  Assemble élégamment l'empeigne et le quartier.

L'ANGE, *(s'interrompant)*

Comment! vous avez appris à faire des souliers, vous êtes devenu cordonnier, et vous renoncez aux vers ; je commence à comprendre... c'est pour critiquer les vers des autres sans être, vous cordonnier, pas plus que lui perruquier, obligé de justifier vos critiques.

Vos vers ne vous ont jamais fait éprouver que des déboires, voilà pourquoi vous en voulez à ceux des autres; un latiniste dirait avec raison : *inde iræ*. Que vous êtes méchant !

— Ange, vous n'êtes pas sincère.

L'ANGE, *(continuant sa lecture)*

  Sans peine le vernis ajusté sur la forme,
  Ramolli par l'effet d'une douce vapeur,
  Se modèle, s'étend, en tout point se conforme
  Au désir enflammé de l'artiste vainqueur !
  La joie est dans mon sein, le plaisir me rend ivre,
  La semelle déjà cède sous le marteau,
  Une à une je vois cent chevilles de cuivre
  Se former sur ses bords en un double cordeau !

L'ANGE

Bravo !

(Continuant)

Encore le talon ! redoublons de courage !
Le talon ! le voilà !... mais il faut le polir...
La rape, le biseau... mettons tout en usage :
La fatigue n'est rien quand on veut réussir !

L'ANGE

Un proverbe !

— Ange du diable !

L'ANGE

Virgile n'a-t-il pas dit avec moins de bonheur :

Labor improbus omnia vincit !

Après cela, monsieur, n'est-il pas permis de vous admirer ?

— Vous connaissez ma patience...

L'ANGE, *(reprenant sa lecture)*

Holà ! mais... venez donc vous, qui riez sans cesse,
Vous pour qui tout chef-d'œuvre est un épouvantail,
Vous qu'un mot fait trembler, qu'une vérité blesse,
Critiques sans pitié, venez voir mon travail !
Le plaisir, le bonheur, pour vous c'est de médire,
Votre dent veut agir... nulle chose n'est bien,
Vous décochez sur tout les traits de la satire,
Toujours vous déchirez, mais vous ne faites rien !
Pactisons cependant, je veux vous laisser rire...
Deux œuvres sous ma main occupent deux métiers...
Adepte de Crépin, je me mêle d'écrire !...
Assassinez mes vers... respectez mes souliers !

L'ANGE, *(avec transport)*

C'est méchant cela, monsieur; moi je dis qu'un perruquier jouissant de ses droits civils, a le droit d'examen et de critique sur les vers comme sur la prose de qui que ce soit. On peut faire la barbe au public et le distraire ou par sa prose ou par ses vers, ou par ses critiques écrites ou parlées. Témoin cet adorable Jasmin.

— Je suis parfaitement de votre avis, mais il y a des conditions...

Continuez à me lire, s'il vous plait.

L'ANGE, *(lisant)*

— Le sens est en défaut, vous péchez par le nombre,
La muse est aux abois, le vers est chevillé...
— Critique à ce tableau laissez-moi mettre une ombre :
Le naturel chez vous est bientôt réveillé !

L'ANGE, *(vivement)*

Quoi ! vous ne voulez pas de critique !

— O mon ange, un peu de ce calme céleste que j'admirais autrefois dans vos yeux !

L'ANGE

Autrefois !

(Lisant)

Pourquoi ne pas garder pour vos belles chaussures
La cheville qui nuit à la beauté du vers ?
Vos souliers... — Halte-là ! gardez quelques mesures...
— Vos souliers sont mal faits, vous rimez de travers !

L'ANGE

Quel vers, mon Dieu !

Vos-souliers-sont-mal-faits,-vous-rimez-de-travers !

Quelle rapidité ! Je l'allonge, il se raccourcit... C'est du caoutchouc. Il n'y a qu'un passage et qu'une place, il y arrive tout d'un trait.

— Je vois que vous savez juger.

L'ANGE

Un peu de noblesse dans l'expression ne nuirait pas cependant.

— Ange satané !

L'ANGE, *(Lisant)*

Grand saint, vous qui du ciel contemplez ma misère,
Vous qui jadis en maître usiez du tire-pié,
Crépin, de cet outil la cuisante lanière
Pourrait, entre mes mains, sans trêve, ni pitié. ...

L'ANGE, *(avec indignation)*

C'est trop ! Je supprime la stance suivante de mon autorité privée. Qu'est-ce que cette courroie de cuir qui siffle, qui tombe et qui retombe sur les épaules de vos critiques? sinon, monsieur, un acte inouï de brutalité — de votre part. Oh ! oui, je supprime cette stance. C'est affreux, cette manière de défendre vos œuvres par la menace. Je me réserve la liberté de la flétrir à mon aise.

— Cher Ange, voudrez-vous bien que je m'explique ?

L'ANGE

Pas le moins du monde.

— Vous voudrez bien au moins montrer cette stance qui vous irrite ?

L'ANGE

Pas davantage.

— Vous êtes un PERRUQUIER !

L'ANGE

Vous m'insultez !

— Non pas, je constate que vous avez un rasoir, voilà tout.

Si vous vouliez continuer à me lire, sauf la stance que vous condamnez et que vous supprimez, *tout en la blâmant avec sévérité*, vous seriez bientôt de mon avis, certainement.

L'ANGE, *(lisant)*

Pardonnez cet écart à ma muse orageuse
Qui prétend que chacun doit trouver ses vers beaux ;
Pour moi, qui la connais insipide, ennuyeuse,
Je préfère à sa voix, le murmure des eaux.

L'ANGE, *(gaiement)*

C'est de la franchise.

(Lisant)

Aussi, je sais, un lieu, non loin d'une fontaine,
Où zéphyr se débat dans les hauts peupliers ;
Je m'y rendrai souvent, sans égard pour sa peine,
Et méprisant les vers... je ferai des souliers !

L'ANGE

Et bien vous ferez.

— Reproduisez donc la stance qui vous déplait, et d'autres jugeront.

L'ANGE

Si je veux juger seul, moi !

— Prenez donc vos ciseaux, n'en parlons plus.

L'ANGE, *(reprenant sa lecture)*

Mais vous qui dans mon sein avez mis cette flamme,
Vous qui m'avez appris l'usage du tranchet,
Comment on l'entretient, comment on fait la lame,
Soyez béni cent fois, mille fois Celichet !

L'ANGE

Oh ! oui, j'approuve les trois dernières stances, quoiqu'il y ait un hémistiche bien méchant et capable d'ébrécher le rasoir de votre perruquier : « Je ferai des souliers. » Est-ce qu'il écorche le papier, ce monsieur, lorsqu'il écrit ?

— *Tolle et lege !*

L'ANGE

Ceci c'est le journal *Grain de Sel*, mot ambitieux qui veut dire probablement grain d'esprit.

Voyons ce qu'il faut en penser.

(Lisant)

« Le monsieur qui tient les ciseaux, dans un journal, n'est
» pas toujours à la noce.

« Il lui faut parfois faire des exécutions un peu raides, au
» risque de blesser telle ou telle susceptibilité ; et nous

» savons par expérience que les gens les plus chatouilleux
» sont ceux qui ont la manie d'écrire — surtout d'écrire mal.

« Je ne comprends rien à cette maladie de toujours écrire
» en vers lorsqu'il est si simple de le faire en prose.

« Grâce à la rime, cette grande trompeuse, on se figure
» donner de la valeur aux idées les plus banales. C'est un
» grave tort.

« Nous recevons une pièce de vers, le *Ballon*. Si c'en est
» un d'essai, il n'est pas suffisamment gonflé.

« Mais cher monsieur du *Ballon*, de la prose ! Sacrebleu !
» de la prose ! Guérissez-vous de la rage du vers.

« Nous voulons pourtant citer trois de vos strophes, quand
» cela ne serait que pour vous dégoûter d'en faire de nou-
» velles.

« Vous avez des idées, mettez-les en prose, et alors *Grain
» de Sel* vous accueillera sans coupures.

« Avec toi, je voudrais, mon âme,
» M'élancer dans un tel bateau ;
» Voguer, sans pilote, sans rame ;
» Me perdre dans le ciel si beau !... »

« C'est gentil, mais rien de plus.

« Toi sur mon sein, ma douce amante.
» Moi te serrant contre mon cœur ;
» Toi folle... et d'amour frémissante !...
» On doit mourir de ce bonheur. »

« Eh bien ! Et les mœurs ?

« Eh ! que t'importe que je vive
» Plus que toi-même, douce fleur ?
» Heureux qui meurt loin de la rive,
» Pourvu qu'il meure de bonheur ! »

« Fichtre ! comme vous y allez, monsieur l'aéronaute !
» Cela ne vous coûte rien de tuer les gens en vers ; faites-les
» vivre en prose, cela vaudra beaucoup mieux.

» Très-positif le lecteur d'aujourd'hui. »

« On l'enfourche bien souvent, la jument Esméralda ! La
» manie de la cavalcade expose à se casser le cou. Donc,

» *Grain de Sel* n'étant pas un manége pavé de sciure de bois
» pour amortir les chûtes des cavalcadours imprudents, nous
» déclarons qu'à l'avenir, tous les vers qui nous seront
» adressés à l'endroit de ladite jument, nous les enverrons à
» certaine feuille bordelaise qui, souvent à court de copie,
» fera peut-être ses choux gras de cette littérature. »

Grain de Sel [du 12 mai 1867.]

L'ANGE

J'ai le mot ! Cela se comprend tout seul maintenant, quoique l'article que je viens de lire soit suffisamment... embrouillé, il faut ménager les gens, même ceux qu'on prend *in flagrante delicto* d'écrire mal, lorsqu'ils reprennent les autres avec violence et dureté. Vous avez fait un ballon — en vers, et ce ballon n'a pu être gonflé, et l'aéronaute a été tué, mais je ne m'explique pas comment ; puis arrive « un très-positif lecteur d'aujourd'hui, » lecteur au gros ventre, qui ne doit pas aimer les ascensions comme la charcuterie, le carnaval et le coin du feu. Vous avez été bafoué, exécuté, et voilà pourquoi vous boudez, aussi bien les vers que le perruquier, auteur de votre naufrage, et qui s'en fait le plaisant historien, en négligeant de mentionner les circonstances atténuantes, s'il y en a.

— C'est à peu près cela.

L'ANGE

Il est bien avéré pour moi que ce monsieur aux ciseaux ne connaît rien aux conditions de l'ode, et qu'il agit dans son intérêt en ne laissant voir de votre *Ballon* que quelques lambeaux, car lorsqu'il dit après la stance qu'il cite la première : « C'est gentil, mais rien de plus, » ne semble-t-il pas se plaindre et vous blâmer de ce que ces quatre vers ne renferment pas un sens fini, tout comme un grand volume ; puis cette manière de présenter trois stances sans ordre, témoigne évidemment de son ignorance ou de son mauvais vouloir, ou des deux à la fois.

Je ne connais pas votre *Ballon*, c'est sans doute une œuvre médiocre comme toutes vos poésies, mais il reste intact après les attaques de M. *Grain de Sel*, et celui-ci a manqué aux devoirs de l'hospitalité en lui adressant des reproches, en le lacérant de ses ciseaux, en exposant, accompagnés d'épithètes presque injurieuses, des fragments qui ne peuvent être jugés seuls, et en retenant les autres parties de l'œuvre, sous le fallacieux prétexte qu'elles étaient encore plus mauvaises. Il a précisément commis la faute que vous me reprochiez tout à l'heure, et dont vous n'aurez nulle réparation ; mais pour adoucir votre peine, je vais tâcher de me rappeler quelques stances de cette ode que vous fîtes à Beauvais pour consoler ce « cher Oscar Zœller, » ce pauvre enfant que rendit si malheureux une critique aussi déloyale qu'ignorante du meilleur des livres que j'ai jamais lus.

Je ne sais plus que l'à peu près des derniers vers :

> Ta beauté, ton doux chant, sources de ta souffrance,
> Ont appelé sur toi les traits de l'oiseleur ;
> Brave-les cependant, nargue son impuissance...
> Et par ta voix divine, excite sa fureur !
>
> Que peut-il, après tout, il rampe sur la terre ?
> Aigle, prend ton essor et plane dans les cieux...
> L'espace est entre vous... et son vain cri de guerre
> Ne saurait entraver ton vol audacieux !

— Ange du mal, vous retournez le couteau dans la blessure en ajoutant la plaisanterie à mes déboires.

Pourquoi rappelez-vous, méchant, cette dernière stance qui fut si mal traitée pour ce mot *Aigle*, qui ne peut, disait-on, s'appliquer au poète, parce que l'aigle ne chante pas ? Il est certain que vous me voulez du mal, et je dois vous compter au nombre de mes adversaires, vous qui devriez m'inspirer et me défendre.

L'ANGE

Tant que vous n'aurez que des adversaires de cette force je réponds de vous.

C'était par des vers immortels que Boileau faisait le procès aux mauvais écrivains de son temps. Les Pradon, les Bonnecorse, les Pelletier *et tutti quanti* eurent des honneurs dont ils se seraient bien passés et que vous n'avez nullement à redouter de ceux qui prétendent rire à vos dépens. Ceux-ci trouvent trop complaisante et trop facile cette aimable prose, qui se laisse faire incorrecte ou ridicule, *ad libitum*, pour la négliger un seul petit instant. S'ils montrent qu'ils ont de l'esprit, c'est bien en restant fidèles à cette patiente maîtresse!

A cette maîtresse sur le dos de laquelle ils peuvent charger des énormités de ce genre : « Vous avez des idées, mettez-les en prose »; de la prose donc et toujours de la prose; écrivez tout en prose, la prose répond à tous les besoins de l'écrivain.

Il me sera bien permis de rappeler ces messieurs à l'autorité du maître et de reproduire, pour leur édification, une page où M. Julien Travers, professeur de littérature à la faculté des lettres de Caen, éditeur et commentateur d'une édition de Boileau, publiée chez Renouard en 1846, fait connaître sa manière de voir à ce sujet.

« Elle sait (la poésie) nous rendre sensible l'idéal par l'har-
» monie du discours, et à toutes les définitions qu'on en a don-
» nées, nous ajouterons qu'elle est pour nous : la mélodie de
» la parole exprimant ce qui émeut le cœur et ce qui frappe
» l'imagination. La prose s'en distingue en ce qu'elle n'est
» pas assujettie aux lois de la versification.

« Prose vient du latin *prosa*, dérivé de *prorsus*, droit, di-
» rect, et ce mot s'oppose à *versus*, tourné, le vers s'arrêtant
» pour recommencer les mêmes rhythmes, tandis que la
» prose va droit à son but sans la contrainte de ces retours.

« Outre cette distinction matérielle de la poésie et de la
» prose, elles en ont une autre qui tient à leur essence et qui
» est plus profonde : celle là se tire de leur origine. L'une et
» l'autre sont l'expression de l'âme pensant et sentant, *mais de
» façons bien différentes*.

« Quand la pensée et le sentiment s'élèvent, sur les ailes de
» l'imagination, du positif à l'idéal; quand, subjugués par la
» vue du beau, ils cherchent un langage qui exprime l'énivre-
» ment de leur contemplation et de leurs créations, ils sont
» poésie, et rejettent les mots vulgaires, l'harmonie vulgaire,
» il leur faut des termes relevés, des images neuves, des
» rhythmes spéciaux. Mais quand la pensée n'a pour but que
» d'éclairer l'entendement, de rechercher la vérité, d'exprimer
» le réel; quand la réflexion domine toutes les facultés et rap-

» porte tout à la raison, la prose est la langue nécessaire ; on sait
» combien il importe d'éloigner les images trop éclatantes, de
» ranger les idées dans l'ordre le plus naturel, et de n'être
» point gêné dans leur expression par les lois d'une cadence
» déterminée. Il faut donc un style moins élevé, moins figuré,
» plus d'ordre et de méthode et un rhythme libre. » *Magister dixit*, découvrons-nous respectueusement et une autrefois... réfléchissons !

— Très-bien, je n'ai pas besoin de faire intervenir La Harpe maintenant, il ne pouvait mieux dire, d'ailleurs ne serait-il pas plaisant d'invoquer encore un aussi grand avocat pour une aussi petite cause, déjà gagnée du reste.

Voulez-vous lire cette lettre que j'ai écrite à M. le directeur du journal *Grain de sel*, mais qui ne lui est point parvenue et qui n'a pas été publiée par suite de circonstances que vous apprendrez bientôt.

L'ANGE, *(lisant)*

Monsieur le Directeur,

Je croyais la *Guêpe* morte ou tout au moins bien malade ainsi que votre journal l'a annoncé le 7 de ce mois, il n'en était rien cependant, elle avait seulement changé de toit, elle était entrée dans votre maison où elle continue à donner des coups de pic à ceux qui déplaisent.

Mon ballon a été crevé et des lambeaux ont été montrés au public, et ce que le public n'en n'a pu voir, ce qu'on lui a dissimulé, est devenu l'objet de ce que je veux bien appeler sinon une injuste, du moins, une amère critique.

Vous pouviez refuser l'insertion de mes vers, c'était votre droit, mais vous n'aviez pas celui d'en faire une critique quelconque sans les reproduire en entier et dans l'ordre assigné aux stances par moi-même.

Ici se présente la question de savoir si l'appréciation du public eût été la même que la vôtre, si la *Guêpe* n'eut pas rencontré une toile d'araignée ; si le critique n'eut pas été critiqué.

Est-ce qu'il serait loyal de faire la critique facile d'un tableau qui ne serait pas exposé ?

Est-ce que le critique et l'objet critiqué, l'accusateur et l'accusé, — ne doivent pas être mis sur la même banquette en présence du public qui juge et qui décide, qui approuve ou qui condamne, — le critique?

Est-ce qu'il est français d'agir autrement?

Comme vous l'avez fait?

Est-ce que toute critique ne doit pas être justifiée?

Imposer au public son avis particulier sur une œuvre qu'on refuse de lui montrer, c'est le déconsidérer, c'est une injure à son adresse, c'est ignorer ce qu'on lui doit, c'est tenir la conduite impudente d'un certain petit duc de Modène qui prétendait que son peuple n'avait pas besoin de savoir ni de penser; qu'il suffisait que lui seul sût et pensât.

Je veux bien croire que je n'aurais aucun intérêt à tenter l'épreuve du public et que mes vers sont mauvais, mais je dois me plaindre d'avoir reçu un conseil hautain, quand humble, je demandais l'hospitalité.

Ne pouvait-on pas me refuser simplement?

Monsieur le directeur, votre devise ne peut être celle-ci :

On te demande un asile, donne un conseil?

Un morceau de pain... les chiens!

Je ne puis croire que vous professiez de pareilles doctrines, c'est la *guêpe* qui a tort!

Cette guêpe est une guêpe de mauvaise compagnie.

Je dois lui dire cependant pour son édification que son intelligence a fait défaut et qu'elle n'a point compris l'idée renfermée et clairement exprimée dans mes vers.

Cette idée, la voici :

J'ai voulu peindre le poëte, cet être quasi-fantastique, au front radié, que plusieurs connaissent et comprennent, que d'autres ignorent et nient; qu'on aime ou qu'on déteste, selon que l'on est fait soi-même. J'ai voulu peindre le poëte tel que mon imagination me le représente avec sa force et sa faiblesse, ses entraînements, ses caprices, son mépris de la mort, son cœur avide de jouissances, son besoin d'être aimé, encouragé, compris.

Et j'ai reçu une piqûre, et je suis accusé, depuis dimanche 12 mai 1867, de meurtre et d'immoralité. Rien que cela!

O Madame la Guêpe! je vous le rendrais bien si j'avais un journal.

Veuillez agréer, monsieur le Directeur, l'assurance de ma parfaite considération.   Eugène Cazaret.

14 mai 1867.

— Que pensez-vous de cette lettre?

L'ANGE

Je pense que cette lettre démontre clairement les torts du journal *Grain de Sel*, ou de son directeur, et je ne doute pas qu'un lecteur honnête ne vous donne raison... entièrement raison, quelle que soit du reste la valeur littéraire de vos vers.

Quant au rappel aux bonnes mœurs, on voudra bien me permettre de le trouver quelque peu impudent, je veux dire déplacé, de la part de gens qui ont inséré dans le même numéro du même journal, et par conséquent patronnée, comme étant sans doute empreinte d'une grande moralité, la strophe suivante :

« Moi, j'aime une femme coquette,
» Qui fait de sa beauté garder un souvenir ;
» Qui laisse voir avec plaisir,
» Dans chaque ride une conquête. «

Si vos adversaires avaient quelque expérience, s'ils connaissaient leur temps, ou si, pour le connaître, ils lisaient les journaux, ils sauraient qu'il se produit chaque année, en France seulement, plus de dix cas de mort volontaire dont la cause doit être reprochée à l'amour.

Que de personnes se rappellent parfois avoir dit et pensé, elles aussi, ces mots : Si je pouvais mourir maintenant!

Je pense sincèrement, moi, que l'amour pur et vrai est seul capable de cette exclamation et de cet acte suprême. Ma manière de voir et la vôtre importent peu cependant. Vous deviez peindre et si vous l'avez fait avec fidélité, vous êtes à l'abri de toute critique soutenable.

Vous ne tuez pas les gens, si les gens doivent peu tenir à la vie par suite des circonstances qui les dominent et que vous exprimez avec conscience.

Il s'agit d'un Ballon, d'un voyage en ballon probablement, eh! bien, ceux qui ont fait des ascensions savent que le désir de se précipiter, sans aucune crainte de mourir, sur cette terre qu'ils viennent de quitter, est le premier sentiment qu'éprouvent les nouveaux voyageurs, et auquel plusieurs, livrés à eux-mêmes, ne résisteraient pas. Demandez à MM. Camille Flammarion et Eugène Godard.

— C'est pour la première fois que vous parlez aussi sagement et que vous me donnez raison, j'ai donc raison, et bien raison.

Et ma prose, comment la trouvez-vous; est-elle incorrecte?

L'ANGE

Je ne pense pas que votre prose soit incorrecte et je la trouve au moins aussi bonne que celle de *Grain de Sel*.

— Voulez-vous lire ceci maintenant et vous saurez pourquoi ma lettre n'est point parvenue à M. le directeur de *Grain de Sel*, et vous apprendrez aussi que tout le monde ne partage pas votre jugement et qu'il est des personnes moins bienveillantes et plus difficiles que vous à l'endroit d'une bonne prose.

L'ANGE

Des académiciens, peut-être?

— Vous n'y êtes certes pas.

L'ANGE

Qui donc?

— Lisez.

L'ANGE

Vous ne m'aviez pas dit que vous receviez un journal de Lilliput? Si les bonnes pilules sont dans les petites boîtes, si l'*Indiscret* ressemble au petit Poucet, s'il a de l'esprit, il est de mon avis. Voyons :

« Un monsieur dont les vers ont été, paraît-il, fort mal-
» traités par *Grain de Sel*, nous écrit en prose pour se plain-
» dre du procédé de notre confrère. Malgré les aimables
» flatteries qu'il nous adresse, nous ne pouvons épouser sa

» querelle : la raison n'est pas de son côté. Un bon conseil
» n'est jamais de trop. Il a tort de repousser celui que *Grain*
» *de Sel* lui a donné. Nous croyons fermement que la plus
» cruelle méchanceté à lui faire serait de publier ses vers et
» sa prose : l'incorrection de cette dernière ne nous a pas
» prédisposés à juger favorablement les premiers. »

(*Indiscret*, du 26 mai 1867). « STÉPHAN. »

L'ANGE

Vous êtes tombé de Charybde en Scylla, mon cher !

Je n'ai rien à dire du procédé de celui-ci, il a imité son grand collègue pour lui être agréable et vous a donné son coup de pied, à son tour, pour ne pas se montrer son inférieur en malice et en savoir-vivre. C'est ce journal que vous aviez prié de publier votre lettre adressée à M. le directeur de *Grain de Sel*, et votre lettre a subi le sort de vos vers, on l'a mise sous le boisseau pour en avoir plus facilement raison.

Ceci c'est le procédé de ceux qui médisent des absents.

Je ne trouve pas un mot pour le flétrir !

— Merci pour vos bonnes paroles, je suis content de vous et j'espère que vous le serez de moi. Vous serez satisfait, en raison de l'amitié que vous me portez, de voir la lumière brûler le boisseau, et mon ballon et ma lettre sortir des ténèbres, et demander non pas au très-positif lecteur de *Grain de Sel* ou de l'*Indiscret*, mais à l'intelligent public de notre ville, s'ils ont mérité de semblables traitements.

Donc, je veux publier l'histoire de mon ballon et le lancer dans l'espace, tel qu'il était avant les entreprises malveillantes du perruquier, de la *Guêpe* et de l'*Indiscret*.

L'ANGE

La meilleure histoire du *Ballon* serait évidemment la reproduction de cette conversation entre nous, suivie de son ascension.

— J'ai eu la même pensée que vous !

Ernest, veuillez nous montrer votre sténographie.

L'ANGE

Ernest, vous êtes un traître ; je n'aurais pas dû ignorer votre présence dans ce bureau !

Vous m'obligerez considérablement si vous voulez bien m'appeler de mon nom ; ici, nous pouvons rire... dans l'intimité...

— Pas du tout, ce qui est écrit est écrit, j'y tiens... Ernest, ne répondez pas.

L'ANGE

Eh ! bien, j'y consens ; qui saura que c'est moi, l'ange !

— Ange malin, écoutez donc ; Ernest, écrivez ; ne parlez pas entre vous, je vous en prie. Je vais répondre à M. Stéphan, signataire de l'article de l'*Indiscret*. Voici ce que je crois devoir lui dire :

O monsieur Stéphan ! êtes-vous un nom ou un pronom ? êtes-vous quelqu'un ou vous a-t-on mis là, humble valet, pour tenir un instant la place d'un maître hypocrite et timide qui a commis un larcin à la justice et au bon sens et qui n'ose se montrer ? Etes-vous quelqu'un ou quelque chose ? Vous devriez être quelqu'un ! N'importe ! Vous êtes muni d'un bonnet qui répond de vous et pour vous. Donc, je puis m'adresser à vous ou à lui, vous avez les mêmes *oreilles*, vous m'entendrez.

L'âne se distingue du cheval, au moral par l'entêtement ; au physique par les oreilles ; il y a aussi des distinctions à faire entre la pomme de terre et le topinambour, entre l'écureuil et le chameau.

Si vous admettez cela, vous êtes forcé de convenir que la vue de l'âne ne peut donner une idée exacte du cheval, que la pomme de terre et l'écureuil ne peuvent représenter absolument à votre esprit le topinambour et le chameau. Néanmoins, vous n'avez pas craint de hasarder l'affirmation qu'en voyant, non pas la prose méditée, réfléchie d'une personne, mais une simple lettre, faite avec abandon, au moment d'une impression fâcheuse, vous pouviez être sûrement édifié sur le mérite d'une pièce de vers écrite par la même personne, à ses heures de verve et dans le calme de la réflexion.

Les incorrections de ma prose ne vous ont pas prédisposé à juger favorablement mes vers que vous n'avez pas vus, et vous imitez le bon exemple de votre grand confrère *Grain de Sel*, en mettant ma prose sous le boisseau, comme il y a mis mes vers, sous le louable prétexte, dites-vous, de ne vouloir point commettre une cruelle méchanceté qui consisterait à publier et la prose et les vers. Et le très-positif lecteur, comme dit *Grain de Sel*, vous croira sur parole et vous saura gré, sans doute, de le dispenser de voir lui-même, et de confisquer ainsi, au profit d'une petite passion, qui porte à nuire ou à désobliger, son intelligence et son bon sens.

Que penser d'une académie qui, ayant à juger des vers à l'occasion d'un concours organisé par elle, demanderait à voir la prose des concurrents, et, procédant avec une gravité burlesque, prononcerait son jugement et décernerait son prix, non d'après les vers, mais d'après la prose.

Que penser de cette académie? sinon qu'elle serait composée d'imbéciles.

Vous dites, monsieur, (je ne sais vraiment pas à qui je parle, j'ai écrit à M. Bonnet, c'est M. Stéphan, le pronom, probablement, qui répond — et pas avec aménité.) Vous dites donc que je vous ai adressé d'aimables flatteries. J'affirme que je n'en ai pas eu l'intention; c'est à vous du reste de savoir si vous avez été flatté, si une simple politesse de ma part vous a paru un éloge exagéré en raison de votre mérite ou plutôt de votre humilité; mais ne vous faites pas humble au détriment de ma franchise, je vous serai reconnaissant. Je n'ai jamais flatté personne, pas plus que vous sans doute, et j'estime que je dois respecter tout le monde — sans exception.

Voici les paroles que vous qualifiez d'aimables flatteries et qui vous sont prodiguées par vous-même, ou plutôt par votre deuxième pronom, un profane, dans votre numéro du 12 mai.

Je n'ai fait que paraphraser votre belle prose, et vous me reprenez :

« Le titre que vous avez adopté et les idées philosophiques
» et libérales dont votre journal paraît devoir être l'écho, me

» font espérer que vous voudrez bien vous rendre à ma prière
» et commettre la bonne action d'aider à un homme sans
» armes à repousser une agression injuste de la part d'un
» homme armé — d'un journal dont il abuse. »

Où sont les aimables flatteries ?
Où sont les incorrections ?

Ne saviez-vous pas que la lumière détruit toujours le boisseau et que les erreurs — volontaires, j'use d'euphémisme, disparaissent comme de vains fantômes, et s'évanouissent avec les ténèbres.

C'était une simple lettre personnelle et d'envoi, celle que j'ai eu l'honneur de vous écrire, non pour vous demander d'intervenir dans le débat à aucun titre, mais seulement pour vous prier de publier celle que je voulais adresser à M. le directeur de *Grain de Sel*, et que j'ai déjà reproduite.

Votre rôle devait se borner à faire ou à ne pas faire cette publication.

Il y a plus de trente ans, monsieur le *Pronom* ou M. le *Substantif*, que j'étudie la prose, ou plutôt les moyens de faire une bonne prose, et je ne viendrai pas auprès de vous pour apprendre à me servir de cette épée qu'on appelle une plume. Vous auriez donc bien fait de garder vos conseils, ainsi que votre confrère, de vous recueillir, et de voir si vous n'en auriez pas besoin vous-même — en ce qui concerne la prose et les convenances.

Ecrivain d'un jour, me voilà, moi, l'intrus d'hier, sur la sellette, à côté de vous, devant ce bon lecteur qui n'est pas aussi positif qu'on l'a fait pour les besoins de la cause, et nous allons être jugés.

Riez, monsieur, si vous n'avez rien à vous reprocher.

Bonsoir !

Voici le *Ballon !* Quelles que soient ses imperfections, je ne renierai point ce pâle enfant de mes veilles, et si je demande de la bienveillance pour lui et pour moi, je ne demande point de grâce.

Me, me adsum qui feci!

LACHEZ TOUT !

LE BALLON

O toi, par qui mon âme brûle,
Vierge et démon tout à la fois,
Merveille qu'on appelle Ursule,
Au dessus des nuages... vois !...

Vois ce point bleu qui se balance,
Ce point qui monte et qui descend :
Jouet d'une double influence :
La main de l'homme et puis le vent !

Il disparaît pour reparaître,
Il nage dans des flots d'air pur,
Il semble mourir pour renaître
Et se confondre avec l'azur....

Il est tout près de cette tache,
Dans ce ruban de pourpre et d'or ;
Mais un nuage gris qui le cache...
On le verra s'il monte encor !...

Avec toi je voudrais, mon âme
M'élancer dans un tel bateau,
Voguer sans pilote, sans rame,
Me perdre dans le ciel si beau.

Tiens ! le voilà, c'est un atome...
Un atome où l'on peut aimer ;
Aimer et vivre loin de l'homme,
Brûler d'amour, se consumer...

Toi, sur mon sein, ma douce amante,
Moi, te serrant contre mon cœur ;
Toi folle... et d'amour frémissante !...
On doit mourir de ce bonheur.

— On doit mourir ? — Eh ! pourquoi vivre
Quand on a bu la volupté ?
Pourquoi l'hiver, pourquoi le givre,
Après les charmes de l'été ?

Si nous étions dans cette barque,
Marin de l'air, marin nouveau,
J'invoquerais la froide Parque
Pour n'avoir point d'autre tombeau !

Le papillon poursuit la rose,
La rose a des baisers pour lui...
Elle lui dit lorsqu'il se pose :
Ton dernier jour c'est aujourd'hui !...

Eh ! que t'importe que je vive
Plus que toi-même douce fleur ;
Heureux qui meurt loin de la rive,
Pourvu qu'il meure de bonheur !

Que ton amour me soit funeste,
Qu'ici s'arrête mon essor...
Tu m'éblouis... que fait le reste ?
Répond le Sylphe aux ailes d'or !

L'Amour, enfant, chez le poëte,
Produit des effets surprenants ;
Du cœur, il envahit la tête,
Et ses transports sont enivrants.

Pour lui, le monde est son amante ;
Il ne convoite qu'un trésor ;
Etre compris d'une âme aimante,
Etre compris avant la mort !

J'ai eu le temps de la réflexion, j'ai reçu les conseils de l'amitié — et d'autres que je n'ai point demandés ; j'ai réfléchi et j'ai écouté et, par conséquent, je suis dans un état moral tel qu'il ne me serait plus permis de me tromper ou de m'illusionner, si je l'avais jamais fait, sur le mérite du *Ballon* que je viens de lancer ; aussi ne le donné-je que comme pièce inhérente au procès et qui ne peut en être séparée.

On voit que mon amour-propre n'est pas trop chatouilleux et qu'il n'est nullement en cause.

Si cependant, je suis descendu dans le champ clos de la polémique, y ai-je été poussé par des motifs et des considérations louables et d'une haute importance, et en vue d'intérêts moraux supérieurs à tout ce qui peut atteindre ou mettre en évidence ou en jeu mon infime personnalité?

On jugera.

Je dépose dès à présent le knout du grand saint Crépin, que j'espère ne plus reprendre, à moins que ce bon Célichet, que j'avais presque oublié, ne me le conseille dans sa réponse, et je retire et je rétracte formellement tout ce que mes adversaires pourraient trouver de trop sévère ou de trop dur dans mes paroles, de trop profond ou de trop cuisant dans les coups de lanière de mon très-vénéré patron, et j'oublie, moi, que j'ai reçu des piqûres de guêpe, des coups de ciseaux et des coups de pied, mais je maintiens rigoureusement l'opinion que j'ai exprimée sur la conduite de *Grain de Sel* et de l'*Indiscret* (1), et j'en appelle au bon sens de toute personne qui sait tenir une plume, de toute personne qui sait ce que signifient en France les mots galanterie, franchise et loyauté.

FIN

Je me propose de publier prochainement :

NELLA, *nouvelle en prose*

LES COTES DE LORMONT, *poëme épique*

LE MIROIR, *satire*

Ne serait-il pas plaisant que ces œuvres fussent mal traitées avant d'avoir paru ?

---

(1) On m'assure, au moment d'envoyer ces pages à l'imprimeur, que l'*Indiscret* a cessé de vivre après l'apparition de son... 5ᵐᵉ numéro. On ne m'accusera pas de l'avoir tué !

www.ingramcontent.com/pod-product-compliance
Lightning Source LLC
Chambersburg PA
CBHW070456080426
42451CB00025B/2765